AF338770

NOUS LES TENONS

LES JÉSUITES, LES CURÉS ET LES CAPUCINS!!

NOUS LES TENONS, CETTE FOIS!! LISEZ, LISEZ !

ESCARPINAUD, *forgeron*. — **BRACONNARD**, *bûcheron*.

Escarpinaud. — Comment, Braconnard, tu fais faux bon comme ça à la réunion secrète d'hier au soir ousqu'il s'agissait de trouver moyen d'en finir avec les Jésuites, les Curés et les Capucins?

Braconnard. — J'ai eu de l'empêchement, mais j'y manquerai s demain.

Esca   aud. — Oh! mon cher, y a pus besoin de se réunir pour   C'est fini ; tout a été réglé : Nous les tenons cette fois, le Jésuites, les Curés et les Capucins.

Braconnard. — Comment ça?

Escarpinaud. — Le gros président Ballonnard, de Paris, autrement dit le Balconnard, a pris place au fauteuil, et voici son discours : « Citoyens, nous avons à détruire trois ennemis qui n'en font qu'un : Les Jésuites, les Curés et les Capucins. Nous sommes en tout ici, dans cette salle, 27; y en a 26 qui ont le chapeau renfoncé et la veste pas mal rapée ; eh ben ! si nous laissons pus longtemps les Jésuites et les autres prêcher le respect de la propriété et des lois, y en aura 26 parmi nous qui resteront des vrais sans-culottes ; le vingt-septième, c'est moi, mais, Dieu merci, j'ai des chapeaux pour pas mal de temps et des paletots neufs pour au moins jusqu'en 1880 ; j'ai même quéques mantaux fourrés avec de bons poils d'hermine de Russie que j'ai gagnés pendant la guerre au coin de mon feu en dirigeant les armées ; y ne me manque pus que le souverain pouvoir, et pour l'obtenir, il faut que vous m'aidiez à renverser les trois ennemis qui s'y opposent. Nous y arriverons, mais y faut pas se mettre le doigt dans l'œil ; y faut d'abord savoir qu'elle est la puissance et la qualité de nos ennemis et ensuite quel est le moyen de les renverser. Leur puissance et leur qualité, je vas vous les faire connaître, les moyens de les renverser je les ai.

D'abord, qu'est-ce qu'un Jésuite ? N'allez pas croire que nous vous avons dit la vérité, depuis 1830, surtout, quand nous avons écrit dans nos livres ou dans nos journaux qu'un Jésuite était un homme faux et de mauvaise morale ; tout ça n'est que de la blague, car si les Jésuites étaient des gens comme ça, y a longtemps qui y en aurait pus et que la société des honnêtes gens tout entière ne les estimerait pas, comme nous voyons, et nous ne verrions pas des sénateurs et des députés se confier à eux ni leurs enfants. Ainsi donc : 1° Les Jésuites, c'est des hommes qui jouissent de la meilleure réputation du monde, parmi tout ce qui est honnête, et si, jusque-là nous avons fait croire le contraire au peuple, c'est que nous en avions besoin. Ceux qui ont cru et qui croient encore que les Jésuites c'est des gredins, ne connaissent point leur histoire ; je vous dis ça pasque entre nous y faut rien se cacher. Je dois vous prévenir aussi que tous ceux que nous appelons Jésuites, ne sont pas de vrais Jésuites ; y n'y a de vrais Jésuites que les prêtres ainsi nommés dont le fondateur est un nommé saint Ignace, un grand homme de génie. Ces prêtres-là qui sont les vrais Jésuites contre qui nous crions tant et contre lesquels nous inventons des histoires à faire trembler, ont converti les sauvages à la civilisation ; ils ont fait vœu de pauvreté pour soulager les malheureux en s'oubliant eux-mêmes, et y forment des savants pour la patrie en instruisant la jeunesse. Il est vrai que nous avons appris aux ignorants à appeler Jésuite tout homme qui ne pense pas comme nous. Par exemple, quand nous voyons un soldat de la ligne ou de la cavalerie qui aime la France, qui est brave comme la bravoure même, qui se bat comme un lion contre les gredins qui veulent piller les riches, assassiner les prêtres et brûler les monuments, nous disons : « C'est un Jésuite. » Voilà qui est pus fort : Un jour, j'ai vu, à Paris, un Monsieur bien élevé, ma foi, qui passait ; y avait un de nos électeurs de la Villette qui passait aussi à côté de lui ; il y vole son porte-monnaie ; le Monsieur se retourne et l'y dit : Vous prenez mon porte-monnaie, c'est pas bien ça ; remettez-le moi, autrement j'appellerai le sergent de ville ; je voudrais pas vous faire arriver de la peine. Notre électeur prend le galop en disant au Monsieur : « T'es un Jésuite », et file en emportant le porte-monnaie. Ainsi vous voyez qui n'y a rien de pus bête que ce mot de Jésuite quand nous l'appliquons à ceux qui ont des vertus que nous n'avons pas. Les Jésuites donc, c'est pus solide que les forteresses de l'Alsace et de la Lorraine ; la canaille s'arrache les ongles pour les démolir et cependant y a toujours des Jésuites pour confesser les sénateurs, pour instruire la jeunesse et porter le flambeau de la civilisation, de la liberté et de la fraternité au-delà des mers.

Maintenant pour les Curés, ça c'est une autre race indestructible ; ça des racines jusqu'à cent pieds de profondeur, et surtout du depuis que c'est les ouvriers qui donnent des prêtres à l'Église, les prêtres n'ont pus peur des ouvriers, ça se comprend. C'est là encore une forteresse où on s'arrache en vain les ongles. Nous disons ben pour exciter la canaille contre eux, que les prêtres sont des hommes d'argent, mais nous savons que ça n'est pas vrai, pusque nous savons que le dernier commis d'épicerie gagne par an deux fois pus qu'un Curé, sans avoir fait ses classes. Nous disons aussi qui sont des hommes inutiles, ça c'est encore des faussetés, pasque dès qu'une commune manque de Curé, elle fait pétition sur pétition pour en avoir un ; nous autres mêmes, qui sommes si féroces contre les curés dans nos journaux, nous ne pouvons pas nous empêcher de dire que dès qu'un malheureux qui a £.... .. .. a pas le sou passe dans une commune, y va plutôt frapper à la porte du Curé qu'à la porte des patriotes de notre façon. Voilà donc pour les Curés.

Nous avons encore des citoyens dont la vue nous offusque : C'est les Capucins avec leur barbe et leurs pieds nus dans la neige. C'est des gaillards qui n'ont ni froid aux pieds, ni froid aux yeux. Ces gens-là prêchent la morale de deux manières : par leur parole et par leur vie d'abnégation ; ils méprisent les honneurs et les richesses ; et si un Capucin était demandé auprès d'un ouvrier pour le rendre pus heureux, il traverserait le feu pour aller le secourir. Si donc, nous les détestons et excitons le peuple contre eux, c'est qu'ils prêchent comme les Jésuites et les Curés, le respect des lois et des gouvernements réguliers. C'est là une troisième forteresse où nous nous arrachons en vain les ongles, surtout depuis le 20 février. Voilà donc ce que sont nos ennemis ; de rudes ennemis, vous le voyez ; mais j'ai trouvé un moyen de les abolir pus rude qu'eux, et cette fois je réussirai à en avoir raison. Le moment est favorable et j'ai commencé le feu. Aujourd'hui, nous avons la liberté de tout dire contre les Jésuites et les autres : nous pouvons les traiter de voleurs, de banqueroutiers et d'empoisonneurs ; on nous laisse carte blanche. Vous savez que c'est nous qui sont les conspirateurs et les fusilleurs ; mais faut dire que nous sont les honnêtes gens et qu'eux sont la canaille, — y faut dire que les histoires que nous inventons dans nos journaux, c'est la pure vérité et que les journaux qui défendent la vérité, c'est de la crapule. Y nous faut enfin un monde renversé, pasqu'y n'y a qu'avec un monde renversé que nous pouvons arriver à être les maîtres et moi à vous gouverner. Les journaux qui disent la vérité ne sont point lus par les ouvriers ; n'y a que les nôtres ; nous sommes maîtres du champ de bataille et nous pouvons pointer et charger nos pièces en fumant notre pipe. Les ouvriers ne voient point le pour et le contre ; y voient que le contre, y n'entendent qu'une cloche et qu'un son, — ça fait admirablement notre affaire surtout pour les élections comme nous les voulons. Chaque matin mon journal contiendra donc un article contre les Jésuites et les autres. Vous qui êtes dans la confidence, vous aurez l'air d'y croire comme à une parole d'évangile ; vous direz même que je suis un grand citoyen et le tour sera joué. — La canaille prenant la place des honnêtes gens, c'est ce qui s'appelle la révolution. — Et quand on a détruit dans l'esprit du peuple le respect dû aux défenseurs de l'ordre et de la propriété, on viole, on pille, on fusille et on brûle à son aise, pasqu'alors y a pus de Versaillais pour empêcher ça.

Escarpinaud. — Voilà, mon cher, le discours du président. Tu vois comment nous tenons les Jésuites, les Curés et les Capucins.

Braconnard. — Eh ben ! moi, j'ai pas grand confiance dans l'invention de Ballonnard ; ça, c'est des ficelles trop vieilles. Tiens, ça me rappelle l'histoire de mon lièvre du mois de février ; faut que je te la raconte : Figure-toi qui y avait un lièvre qui passait toujours au même passage près de mon champ de luzerne ; j'ai inventé, inventions sur inventions, impossible de le prendre ; ce qui me gênait, c'était le garde forestier qui avait toujours la loi dans sa carnassière ; un jour le garde monte en grade ; y s'absente et me laisse la bride sus le cou, et j'ai pu à mon aise tendre mes piéges pour attraper mon lièvre. — Un beau matin je me déguise et je vas me mettre à côté du passage du lièvre qui, bête comme chou, et me prenant pour une souche, passe au petit trot ; je l'empoigne par une patte de derrière ; je prends dans ma poche une vieille ficelle que j'avais ramassée la veille *dans la boue* ; je l'attache et je le tue pas, pasceque je voulais le montrer à ma femme qui me disait toujours : « Tu verras que ton lièvre te fera attraper du désagrément et que tu le prendras pas. » Je le porte à la maison et je dis à ma femme : « Y est, oui ! je vas le pendre par la ficelle à la fenêtre pour qui s'amuse un peu avant que je le tue ; y donne un coup de jarret, crac ! y tombe, se relève et refile du côté de la garenne. La corde était POURRIE ! ! ! J'ai beau recommencer la manœuvre et me redéguiser pour le prendre, pas moyen ; ce gars de lièvre a trois fois pus de jambes qu'auparavant. Eh ben ! les ficelles de ton président Ballonnard pour pincer et tenir les Jésuites, les Curés et les Capucins, c'est absolument comme la ficelle de mon lièvre ; ces ficelleslà sont *pourries* ; y les a ramassées dans la boue ; elles ont trop servi ; voici deux mille ans qu'on les emploie ; tous les voyous de première et de deuxième classe y ont perdu leur latin. D'ailleurs, la preuve que ces ficelles sont pourries et qu'on les connaît, c'est que les sénateurs et les députés non révolutionnaires, tous les ouvriers qui respectent les lois et la propriété, depuis que Ballonnard a préparé ses ficelles, tout ça file pus vite que jamais du côté de Lourdes et du Sacré-Cœur, absolument comme mon lièvre du côté du bois où sa mère l'a nourri.

Escarpinaud. — Oh ! mon cher, y en aura toujours quéquesuns parmi nous qui se laisseront prendre et voteront pour Ballonnard contre les Jésuites. Le gros Pipe-en-Bec par exemple, et le grand Berlinguet sont si bêtes, qui croiront à tout ce qu'écrira Ballonnard, et comme c'est les ouvriers bêtes comme eux qui font la grosse ouvrage quand nous avons besoin d'une révolution pour nous faire une position, les ficelles de Ballonnard serviront toujours à quéque chose.

Braconnard. — Oui, mais ça sera pas du propre.

Escarpinaud. — Comme ça, t'as pas confiance dans ces ficelles ?

Braconnard. — J'aurais pus de confiance dans le chassepot, si les électeurs de Ballonnard pouvaient s'en servir comme en 1871. Mais y a pas plan aujourd'hui.

Bourges, imp. de E. Pigelet, rue Joyeuse, 15.

CITOYENS CATHOLIQUES,

LE SACRÉ-CŒUR,

VOILA POURQUOI ET COMMENT MON JOURNAL N'EN VEUT PAS.

LÉPINARD, *maçon*. — MARGOUSIN, *tisserand*.

Lépinard. — Y a-t-y quéqu'un chez toi, Margousin?

Margousin. — Oui, y a quéqu'un, pusque j'y suis.

Lépinard. — Ouvre donc, j'ai quèque chose à te conter.

Margousin. — Je me rase; ça presse-t-y?

Lépinard. — Pas mal.

Margousin. — Je vas t'ouvrir; attends une minute.

Lépinard. — Mon cher vieux, j'arrive pas content de la réunion ousque tu sais que les amis nous avaient convoqués toi et moi.

Margousin. — Moi j'ai pas pu y aller, parce que j'avais pas de chemise propre.

Lépinard. — Imbécille de farceur, fallait venir me trouver; j'en ai quitté une hier matin qui est pas trop sale; tu l'aurais prise et faut pas tant de cérémonies pour les réunions ousque presque tout le monde est ouvrier.

Margousin. — Merci, mais j'aime pas trop le linge sale des autres, et faudrait, m'est avis, de rudes opinions démocratiques pour pousser la fraternité jusque-là. Mais raconte-me donc ce qui s'est passé à la réunion qui t'a pas rendu content.

Lépinard. — Non, je suis pas content et je commence à croire que nous sommes mis dedans par nos avocats qui se... je veux pas dire le mot... du pauvre ouvrier.

Margousin. — Eh ben! dis-me donc ce qu'on y a dit, là-bas.

Lépinard. — Tu sais que j'avons pour président de la société des francs-démocrates et des libres-penseurs le citoyen Gambrouillard, qui s'appelle *Gamborgna, Jacobin* de son nom de baptême?

Margousin. — Je sais ça; et qu'a-t-y proposé dans sa proposition?

Lépinard. — Il a proposé beaucoup de choses : il a dit d'abord qui ne fallait croire que ce qu'il écrit, parce que, dit-il, qui dit, y se trompe pas, lui; il dit qu'il est pus sûr de ce qu'il dit, que le Pape. Y nous a demandé si je lisions fidèlement son petit journal à un sou, pasque tu sais qu'il est journalisse. Il a parlé comme s'il en savait pus long que le Père éternel et que tous les savants de la religion; ce n'est pas, dit-il, parce qu'il a étudié la religion qu'il s'en moque, car il a passé 20 ans à Paris à apprendre aute chose dans le quartier des étudiants; mais c'est parce que la religion, ça le gêne, et la preuve, c'est que si ça le gênait pas, il en parlerait pas. Il a ajouté qu'à dater du jour où y n'y avait pus de lois pour lui défendre de cracher sur ceux qui pratiquent la religion, c'était l'âge d'or et de la viande à tous les repas pour les ouvriers. Il a dit que lui et ses amis avaient trouvé le moyen de rendre tout le monde libre et heureux, en fusillant tous ceux qui auront le malheur de fréquenter les églises et de ne pas penser comme lui.

Ça m'a paru ben louche, tout ça, veux-tu que je te dise ; mais y a encore des choses qui m'ont paru pus fortes : y nous a dit : « Citoyens, je vas vous demander une chose qui fera peut-être ben de la peine à vos femmes et à la majorité des Français, mais notre avancement au pouvoir et dans le progrès le veut, et vous ne pouvez pas me refuser ça. Eh ben ! voici ce que j'ai à vous demander : vous ne croirez pus à l'histoire, c'est-à-dire à ce qui a été écrit jusque-là en fait de religion catholique et de dévotion, et nous devons nous moquer du tiers comme du quart pourvu que vous réussissiez à me porter moi et mes amis au premier rang. Si donc vous voulez être pus heureux que jamais ; si vous voulez boire de bon vin, point fraudé avec du bois de campêche ; si vous voulez que vos récoltes rapportent cent pour cent de pus et si vous voulez manger de bons morceaux sans vous éreinter, vous empêcherez vos femmes et vos enfants de fréquenter les gens qui croient encore à l'histoire vraie, et surtout vous leur défendrez d'accompagner les députés et les sénateurs qui vont en pèlerinage pour demander au Bondieu et à la Vierge le salut de la France. Voyez déjà, citoyens, comben vous êtes pus heureux qu'aute fois dudepuis que nous avons remplacé l'histoire de la religion catholique par des histoires de notre façon. Autefois l'ouvrier ne gagnait en moyenne que trente sous, et aujourd'hui, grâce à nous qui gouvernons les patrons, chaque ouvrier gagne au moins dix francs par jour sans presque pas travailler ; et quand nous aurons balayé entièrement l'histoire et tout ce qui nous gêne, n'y aura pus de pèlerinages qu'à la tombe du citoyen Baudin et du citoyen Michelet, que vous ne connaissez point, et ousque, encore une fois, on demandera de fusiller tous les Français qui ne seront pas de notre opinion et qui ne voudront pas de nous pour chefs ; ce sera alors que nous pourrons crier : vive la liberté et la fraternité, parce qu'aujourd'hui, c'est pus comme autefois. Autefois la fraternité consistait à s'aimer entre soi et à respecter toutes les classes, mais aujourd'hui, nous avons changé tout ça ; quand nous fusillons un prêtre qui nous prêche l'amour de nos semblables et qui nous donne l'exemple de toutes les vertus sociales, nous appelons ça la *fraternité* et le règne de la *liberté*. Ça peut vous paraître étrange, mais quand nous y serons ça ne pourra pas être autrement ; quand nous n'y serons pus, les autres qui voudront vous gouverner feront comme ils l'entendront et pratiqueront la fraternité à leur manière, qui sera peut-être toute différente de la nôtre ; mais tant que nous y serons, nous ne connaitrons que la fraternité de la guillotine ou du chassepot. »

Tout d'un coup, mon cher, le grand Lafleur s'est levé et en apostrophant Gamborgna, il y a dit : « Citoyen Gamborgna,

vous nous proposez là une proposition ben difficile à avaler :
car, qui dit l'histoire, dit l'histoire, et ce qui n'est pas une histoire vraie, ça ne peut être que de la blague ; à vous entendre,
vous voulez que nous prenions pour vous aider à monter sur
le trône du pouvoir, l'histoire vraie pour de la blague, et vos
blagues pour de l'histoire vraie. » — Citoyen Lafleur, répond
Gamborgna, en se frottant l'œil, je sais comme vous que l'histoire de la religion catholique et de la dévotion de la majorité
des Français est rude à détruire, mais si nous ne la détruisons
pas, nous sommes des gens coulés ; et moi tout le premier,
votre président, je me verrai forcé de reprendre mes parties
d'écarté dans les cafés de Paris où j'ai pris un ventre de prussien à force d'avaler de la bierre d'Allemagne. Faut donc pas
d'histoire vraie, et nous devons en fabriquer une toute différente. Par exemple, citoyens, j'ai à vous signaler une dévotion
qui s'appelle le Sacré-Cœur, et qui met joliment de bâtons dans
mes roues, pasqu'avec cette dévotion y aura pas moyen que
j'arrive à vous gouverner comme à l'époque où je vous appre-
nais la manière de battre les Prussiens à reculons. Nous savons
tous que les historiens les plus sérieux ont raconté l'histoire
et l'origine de cette dévotion au Sacré-Cœur ; vous savez tous,
comme moi, que les pus savants et les pus grands personnages
font jusqu'à 150 lieues pour aller en pèlerinage adorer le Sacré-Cœur. Nous savons tous que c'est grâce à cette dévotion
que les Marseillais, en 1770, ont été délivrés de la peste et du
choléra et y a pas moyen de prouver le contraire pasque tous
les ans, à Marseille, y a une procession en mémoire de ce mi-
racle, et les Marseillais ne sont pas des gens si bêtes, quoiqui
y en a qui votent pour nous. Mais, citoyens, si nous tolérons
pus longtemps cette histoire là, je serai obligé de me remettre
petit avocat, et faudra cracher pendant deux heures des mots
de chicane pour gagner une pauvre malheureuse pièce de cent
sous, comme en 1869. »
Mais ce qui m'a paru fortement embarrasser Gamborgna,
c'est ce que l'y a répliqué le citoyen Regimbard qui l'y a dit :
« Comment vous y prendrez-vous donc pour arriver à détruire
l'histoire vraie du Sacré-Cœur ? — Le citoyen Gamborgna l'y
répond : « C'est pas ben difficile : faut que nous disions que
la religieuse à qui le Sacré-Cœur a apparu était folle ; nous
inventerons aussi qu'un Jésuite s'entendait avec elle pour trom-
per le monde entier et que tous les témoins sortaient de Charenton ; nous ajouterons que nous ne comprenons pas que
dans la patrie de Robespière et de Molière y ait eu une Chambre capable de voter la construction d'une église nationale,
pour le Sacré-Cœur à Montmartre. Aujourd'hui, c'est permis
de dire tout ça ; la permission, il est vrai, ne se donne pas, mais
on la prend et on ne s'en fâche pas trop ; j'ai écrit l'aute jour
dans mon journal à un sou, un article contre le Sacré-Cœur,
et j'ai bâti une histoire de laquelle y faut attendre les meilleurs
résultats. Vous pensez ben, citoyens, qu'en bâtissant un article de journal en une heure contre la religion de la majorité

dès Français, j'ai pas pu me livrer à des recherches ben sérieuses, mais comme j'ai, Dieu merci, assez d'imagination dans la tête pour y trouver des histoires, j'en ai inventé une à laquelle y faut que vous ayez l'air de croire et qu'il est utile que vous racontiez à tous vos amis et connaissances, et au bout de quèques années n'y aura pus d'histoire que la nôtre sur le Sacré-Cœur. C'est alors que les jeunes gens honnêtes qui jusque là allaient à l'église et en pèlerinage, iront désormais, grâce à l'histoire de notre invention, tous les soirs au bal et au café pour être pus bons citoyens, et les femmes qui jusque là auront fréquenté les églises pour prier pour le salut de la France, iront au spectacle pour être pus patriotes et tant pis si elles sont moins soumises à leurs maris qu'auparavant.

Là-dessus, mon cher, le grand Lafleur qui est fabricant de bannières et qui a reçu une commande de 5,000 bannières pour les pèlerinages et qui occupe au moins 300 ouvriers, s'est précipité sur Gamborgna, y a craché à la figure ; c'était une vraie guerre civile ; je sais pas ce qui serait arrivé si cinq ou six camarades avaient pas arrêté la dispute ; pour moi, j'en ai perdu ma casquette et j'ai ben juré de n'y pus mettre le pied pas plus que je croirai aux inventions de tous les Gamborgnas de la fraternité rouge. Je commence à être pas si sot depuis cette réunion. Je vois maintenant la ficelle de tous ces gars là qui nous travaillent tant l'opinion. — Quand nous avons fait une émeute, quand nous avons tiré les marrons du feu et que nous nous sommes fait mitrailler ou déporter, Gamborgna mange les marrons avec de bon vin blanc et file à l'étranger en nous disant : « Tirez-vous de là si vous pouvez.»

Au reste, le Sacré-Cœur, dis donc, c'est pas lui qui fait que nous buvons toujours de la saloperie chez le marchand de vin. Mentir pour détruire la religion et la dévotion de la majorité des Français, et pour pouvoir, une fois à la tête de la France, boire un peu pus de vin de champagne qu'à l'ordinaire, je vois que c'est là tout le patriotisme de Gamborgna.

Margousin. — Eh ben, moi, je suis comme toi ; c'est point le Sacré-Cœur qui me fait tirer le diable par la queue. C'est point ce qui me rendra pus gueux que je suis et je m'aperçois au contraire que depuis que je fréquente les réunions démocratiques et que je lis les journaux qui inventent des histoires contre la religion, au lieu d'un diable, j'en tire quatre par la queue ; une aute fois, quand Gamborgna me fera convoquer, je dirai : merci, je vas me coucher.

Lépinard. — Prête me donc une casquette, pusque j'ai perdu la mienne.

Margousin. — J'en ai là une qu'est rouge, mais je veux pas te la donner, j'en suis pus, de cette couleur là.

Bourges. — E. Pigelet, rue Joyeuse, 15.

LES

CURÉS ET LES ŒUFS POURRIS !

M. PAPONNET, *ancien manufacturier.* — CASMAJOU, *plâtrier.*

Casmajou. — Ah ! monsieur Paponnet, j'en peux pus de rire ; ça me crève le ventre, ça me tord les côtes, ah ! ah ! ah ! ah ! ah ! Si vous saviez, ah ! ah ! ah ! Non, y a pas moyen que je m'empêche de rire.

M. Paponnet. — Qu'est-ce que ça veut dire, mon ami, cette manière de m'aborder et de vous adresser à moi ?

Casmajou. — Ah ! ah !... ah !... ah !... Ça m'étouffe... Enfin, je crois cependant que j'ai fini de rire. Eh ben ! monsieur Paponnet, je sors du tribunal et vous sauriez jamais vous imaginer comben y a de quoi rire.

M. Paponnet. — Quand on parle du tribunal, je ne vois guère qu'il y ait sujet de rire, surtout s'il s'agit de quelque condamnation.

Casmajou. — C'est pas du tribunal que je ris, c'est de la grosse Richardière, et voici pourquoi.

M. Paponnet. — Mon ami, je ne connais point cette nommée Richardière.

Casmajou. — J'aurais pourtant ben du plaisir, moi, à vous raconter l'histoire qui m'a tant fait rire. Comment, monsieur Paponnet, vous ne connaissez pas cette grosse Richardière, marchande de salade et d'œufs frais, qui demeure tout près de la borne du nº 89, dans la rue Vide-Poche.

M. Paponnet. — Je vous dis que je ne connais pas cette personne.

Casmajou. — Mais si, vous devez la connaître, pusque l'autre jour a vous a craché sur votre lévite en croyant cracher sur la soutane du vicaire, qui n'est pas son cousin, ma foi, du depuis qu'il a sermoné sa coureuse de fille au catéchisme.

M. Paponnet. — J'ai bien un peu souvenance de ce vous me dites, mais j'ai tout lieu de croire que cette femme a dû se repentir de sa mauvaise action, et que la conduite du vicaire a fini par lui paraître digne de sa haute et sainte mission auprès de la jeunesse.

Casmajou. — Ah ben oui ! Vous ne la connaissez pas comme moi cette grosse rougeaude ; son fiel était pus gros que vous pensez contre les curés après ce qui l'y arrive, et c'est pourquoi j'étouffe de rire.

M. Paponnet. — Enfin, mon ami, que voulez-vous ? Finirez-vous de rire ?

Casmajou. — Eh ben ! monsieur Paponnet, voici l'histoire : La grosse Richardière, qui boit ses quate bouteilles par jour sans broncher, est une gaillarde, allez ; mais le tribunal non plus ne trébuche pas, comme vous allez le voir. Le pauvre

Carmagnat, que vous connaissez, a eu l'autre jour envie de manger une omelette d'œufs frais.....

M. Paponnet. — Eh bien ! Quel mal à ça ?

Casmajou. — Eh ben ! Carmagnat a été trouver la grosse Richardière : « Avez-vous des œufs frais, y a-t-il dit ? » « Oui, lui répond-elle, j'en ai. » « Sont-y frais vos œufs ? » « Si sont frais ? » « Oui, sont-y frais ? » « Ah ça, répond la grosse Richardière, pour qui me prenez-vous ? Qui dit frais dit pas vieux. » « Je le sais, dit Carmagnat, donnez-m'en une douzaine pusque vous en répondez. » « Trois, six, neuf, douze, les voici vos douze. » — « Ah ! dites-donc, mère Richardière, mettez-m'en donc un par-dessus le marché, crainte qui y en ait un qui ne soit pas de même fraîcheur. » « Je vous dis que vous avez vote compte. » « Allons, donnez-les, mais si sont pas frais, gare ! »

M. Paponnet. — Jusque-là, mon cher Casmajou, je ne vois rien que de très-naturel.

Casmajou. — Attendez, monsieur Paponnet, vous allez voir : Carmagnat arrive chez lui ; y dit à sa grande fille Zélinde : « Tu vas faire une bonne omelette d'œufs pour notre souper ; je les apporte de chez la grosse Richardière ; mets la poêle sus le feu et fais chauffer la graisse. » « Mais je sais pas faire l'omelette, répond sa fille Zélinde ; pourquoi pas les manger durs ? C'est pas si difficile et j'ai pas le temps, pusque je raccommode. » « Je te dis que je veux manger de l'omelette pour voir si les œufs sont frais, et pusque tu peux pas la faire, moi je vas la faire. » Alors, Carmagnat casse un œuf : « Tiens, qui dit, frais comme une rose ! Cette grosse Richardière n'est pas si mauvaise femme au fond qu'on le dit. — A un autre : Crac ! il est frais ! — A un autre : Crac ! il est frais ! ! » Carmagnat en a cassé onze frais que c'était un bonheur. « Allons, le douzième : Crac ! Zit ! ! !... Ça l'y saute à la figure ; le douzième œuf frais, comme vous voyez, était pourri que ça empoisonnait toute la maison. Alors Carmagnat, vous sentez ben monsieur Paponnet, ne se possédant pas : « Ah ! grosse voleuse, qui dit ; en voilà une femme qui mérite les galères pour empoisonner le pauvre ouvrier ! » Y se bouche le nez de la main gauche, prend de la main droite l'assiette où était l'œuf frais pourri, et court chez la grosse Richardière en criant dans la rue : « En voilà une voleuse ; en voilà une femme qui mérite la guillotine, ça ne m'étonne pus si sa fille est si coureuse, car elle est fille de voleuse ; tous ses prétendus œufs frais sont des œufs pourris ; y en a pas un bon, si j'étais à la place des voisins, je l'y prendrais jamais ni œufs, ni salade, ni beurre ; ah ! grosse voleuse, va ! » — Figurez-vous alors, monsieur Paponnet, que la grosse Richardière qui avait tout entendu a pris des témoins et a cité Carmagnat en police correctionnelle pour diffamation à propos d'un seul œuf frais qui s'est trouvé pourri. — Le tribunal, après avoir entendu la plaignante et les témoins et l'avocat, a condamné le pauvre Carmagnat à 100 francs d'amende et un

mois de prison. Voici ce qu'a dit le Président dans son juge-
ment : « Attendu que rien n'est plus bête, plus niais et plus
injuste que de dire en trouvant par hasard un œuf pourri sur
douze que la marchande d'œufs ne vend que des œuf pourris, le tribunal donnant satisfaction à la veuve Suzanne Richardière, condamne le nommé Carmagnat à un mois de prison et 100 francs de dommages-intérêts, au profit de la plaignante, et aux frais du procès. »

M. Paponnet. — Eh bien, le tribunal a été fort sage ; les
ignorants et les chétifs comme nous en voyons malheureusement trop par le temps qui court font absolument comme
Carmagnat ; n'êtes-vous pas de mon avis, mon cher Casmajou ?

Casmajou. — Oh! parfaitement, monsieur Paponnet.

M. Paponnet. — Vous voyez bien qu'il n'y avait pas sujet
de rire.

Casmajou. — Oh! c'est pas pour çà que je ris, tant s'en faut.
Mais voici le revers de la médaille, monsieur Paponnet. Vous
ne savez pas que la grosse Richardière lit les journaux et
pas les bons ; les mauvais journaux se vendent, vous le savez, presque partout depuis 1871, et y a beaucoup de gens
qui ne lisent que les mauvais, même que j'espère que le gouvernement honnête que nous avons finira par pus permettre
la circulation de cette poison de journaux. Eh ben! bref, y a
de ça environ trois semaines, la grosse Richardière a lu un
des journaux qu'on appelle les journaux de la canaille à un
sou ; elle a eu le malheur de lire dans les nouvelles de son
journal qu'un curé venait d'être condamné à trois mois de
prison, et son journal ajoutait, en manière de réflexion que
les pères de famille, vu cette condamnation, ne devaient point
avoir confiance aux prêtres, ni leur confier leurs enfants,
parce que tous les prêtres étaient semblables au curé condamné. La grosse Richardière qui avait une rancune contre
notre bon vieux curé s'est mise à crier de toute sa force :
« Encore un curé qui a passé devant les tribunaux, tenez,
lisez la nouvelle et la réflexion des journalisses, y sont
tous les mêmes, les curés et le nôtre aussi ; et si j'étais le
tribunal, c'est moi qui l'y en donnerais de la prison, y a pas
de danger que je l'y confie mes enfants à instruire à son
catéchisme ni ailleurs ; qui en voit un, les voit tous. » —
Monsieur le Maire qui, comme vous savez, est un brave
homme qui ne fait point de bruit mais qui est juste envers
tout le monde, est venu à passer au moment où la grosse
Richardière disait aux voisins rassemblés autour d'elle que
tous les curés méritaient d'être condamnés comme le curé
dont parlait son journal, même le nôtre, qui est bien le
plus obligeant et le plus parfait des hommes que je connaisse ; un homme qui fait aimer le Bondieu quand même on
ne le voudrait pas, et qui ne se venge des insultes des vauriens qu'en redoublant de charité à leur égard ; M. le Maire a
demandé au monde qui était rassemblé ce qui se passait. On l'y

a conté la chose, et en sa qualité de surveillant de l'ordre public, il a voulu porter ça à la connaissance de la justice. Le curé, apprenant cela, a été prier de tout son cœur M. le Maire de ne pas relever les propos de la Richardière, en disant qu'il lui pardonnait les injures qui lui étaient personnelles. M. le Maire s'est laissé toucher par les paroles touchantes et vraiment paternelles du curé, mais malheureusement deux voisins en ont parlé au brigadier de gendarmerie en disant qu'on ne comprenait pas que la grosse Richardière qui avait fait condamner le pauvre Carmagnat pour avoir dit que tous ses œufs étaient pourris quoiqu'y n'y en avait qu'un sur douze, ne fut pas à son tour poursuivie pour avoir dit que vu la condamnation d'un seul curé sur 45,000 qu'y a en France, tous les curés méritaient la prison. Le brigadier a fait son rapport et le Parquet en a fait son affaire.

Le curé s'est mis en quatre pour arrêter le procès, mais y a pas eu moyen. La grosse Richardière a passé en police correctionnelle et voici la sentence du tribunal : « Attendu, qu'il y a trois semaines la nommée Suzanne veuve Richardière en lisant, il y a environ trois semaines, dans un mauvais journal dont la France est empoisonnée, qu'un curé probablement inventé par ce même journal, avait été condamné, a crié en pleine rue que tous les curés méritaient de l'être ainsi que le curé de sa paroisse, qui est un prêtre des plus dignes et des plus charitables, condamnons ladite Richardière en trois cents francs d'amende et à 2 mois de prison. » — Attrape Richardière !

M. Paponnet. — Eh bien, mon cher Casmajou, je suis heureux de vous avoir entendu jusqu'au bout. Cette femme n'a eu que ce qu'elle méritait ; mais ne vous réjouissez point de son malheur. Assurément elle est coupable, ses accusations contre le clergé sont manifestement injustes ; mais il ne faut jamais se réjouir du malheur de personne, et M. le curé dans cette circonstance vous donne un exemple qui devrait vous toucher jusqu'aux larmes. Au lieu de rire désormais, savez-vous ce que vous devriez faire ? C'est, toutes les fois que l'occasion s'en présentera, de raconter ce fait à tous ceux de vos camarades qui, sur la foi de certains mauvais drôles de journalistes dont la crapule lit les écrits, quand il s'agit d'un seul prêtre infidèle, disent que tous les prêtres sont indignes de la confiance du peuple. Si jamais le journal de la veuve Richardière ou tout autre journal, qui ne vit que de calomnies et de mensonges contre le clergé, vous tombe sous les yeux, rappelez-vous les œufs pourris du pauvre Carmagnat, et je suis sûr que vous ne ferez pas comme la canaille qui condamne tous les prêtres parce qu'un seul sur 45,000 aura eu le malheur de manquer à son devoir.

Bourges. — Imp. de E. Pigelet, rue Joyeuse, 15.

HORRIBLES ASSASSINATS!!!

TROIS VICTIMES!

ASSASSINS DÉCOUVERTS!

BIRONNET, *cordonnier*. — M. LARIDELLE, *ancien notaire*. — BIROTTEAU, *épicier*. — UN DRÔLE DE 12 ANS. — CHIPARDAUD, *sabotier*, père du drôle. — Madame veuve PÉRINET, *ancienne cuisinière*. — PISTORET, *boulanger*.

Bironnet. — Dites-donc, les enfants; vous connaissez tous le grand monsieur Laridelle? Vous savez comme moi qu'il a 60 mille livres de rente, et qu'il aurait assez d'esprit pour être ministre? Vous savez comme moi que malgré tous les défauts que la canaille lui reproche, pascequ'au moment des élections y ne veut pas voter comme elle? Il est un des meilleurs citoyens qu'on connaisse. En effet, dans la commune qui compte une population de 3,000 âmes, on ne rencontre pas un seul ouvrier sans travail, et ça, grâce à lui. Vous savez aussi, car tout le monde le sait, qu'il ne dépense pour lui que 3 francs par jour, c'est-à-dire 1095 francs par an. Y paraît qui ne prend jamais de café, et que le seul extra qu'il se permette après son déjeûner, c'est de lire une petite brochure de la bibliothèque nationale à 25 centimes, pour le fairé suer, et un n° du journal l'*Univers*, pour corriger les humeurs, faire évacuer la bile et rétablir la circulation du bon sens autour de lui. Vous savez, de plus, que pour être populaire, il n'a pas besoin comme nos candidats de dire, 1° qu'il a été à Cayenne sous l'Empire; 2° qu'il déteste les prêtres; 3° qu'il vote pour l'amnistie de gredins qui sont à Nouméa? Vous n'ignorez pas non plus que les 58,905 francs qui lui restent à la fin de l'année après avoir payé toutes les dépenses de sa maison, il les consacre à des œuvres de bienfaisance, ne dépensant pour l'église de la commune que mille francs, et 57,905 francs pour les ouvriers malheureux, n'importe leur opinion; mais ce que vous ne savez pas, c'est ousque et à quoi y passe ses journées; je vous le donnerais en cent, et vous donneriez tous votre langue au chat.

Depuis quèque temps, je le voyais chaque matin, sortir à dix heures trois quarts de chez lui, car nous sommes voisins, et je m'en plains pas. Je me suis aperçu qui parcourait la commune pour tâcher moyen de découvrir les assassinats qui s'y commettent, et les assassineurs que la police peut pas pincer. Faut pas que vous croyiez qu'il est un mouchard, attendu qu'il est trop riche pour ça, et qu'il en a pas besoin pour se faire une position. Eh ben! figurez-vous, enfants, que je l'ai suivi hier, de pas en pas, sans qui me voie. Nous étions arrivés dans la rue de la Ripaille, en face du n° 93, lorsque

tout d'un coup on entend : pan ! pan ! pan ! pan ! pan ! pan !
— La femme de Birotteau, l'épicier, venait de tirer sus son
mari, et lui, criait : « A moi ! je suis un homme mort ! Elle a
voulu me tuer ; à l'assassin ! »

M. Laridelle. — Qu'y a-t-il, mon cher Birotteau ; le pétrole
a-t-il fait explosion dans votre boutique d'épicerie ?

Birotteau. — Ma femme vient de me tirer un coup de pistolet à six coups ; c'est ce grand fainiant de Chose qui l'y a
glissé y a quèques jours un petit livre ousqu'on dit que le
mariage est une plaisanterie du Code civil, et que ça été inventé par les prêtres. Je voudrais point divorcer, mais y a
pus moyen de vivre ensemble depuis qu'elle a entendu remettre sur le tapis à la Chambre la question du divorce ; j'ai
eu beau lui dire que la question a été présentée par un bossu
à Messieurs les Députés, et que Messieurs les Députés sont de
trop honnêtes gens pour accorder le divorce, ça ne peut rien
l'y faire, et avec sa petite brochure de la bibliothèque nationale
à 5 sous que le grand Chose l'y a glissée sans m'en demander
la permission, elle est devenue un véritable Robespierre.

M. Laridelle. — Calmez-vous, mon ami, j'écrirai pour vous
à la police, et je ne doute pas que ceux qui sont chargés de
veiller à la défense de la morale et de l'ordre dans la famille,
ne châtient les vrais coupables, Oui, votre femme a commis
une action criminelle, et le grand Chose est encore plus coupable qu'elle. Je ne dénoncerai point votre femme, mais je si-
gnalerai les vrais coupables. Selon moi, les vrais coupables
ce sont l'auteur et les propagateurs de la brochure. Suivez
mon conseil, ne vous vengez point ; ne faites pas de bruit ; les
hommes du progrès révolutionnaire en seraient trop heureux.
Reprenez votre travail, et tâchez de ramener votre femme
par les sentiments.

Birotteau. — Oui, monsieur Laridelle ; je sais que vous êtes un
homme de bien, que vous y voyez pus clair que les pauvres
ouvriers qui lisent avec avidité les brochures de la bibliothèque démocratique soi-disant nationale, et les feuilletons des
journaux. Je pardonne à ma femme ; mais vous qui êtes un
si brave homme, demandez donc, de ma part, au Gouvernement qu'il défende la circulation des petites brochures à
5 sous, et des journaux à 1 sou, ousqu'on blague sur le Sacre-
ment de mariage, et ousqu'on dit que c'est de la plaisanterie ;
car la femme du pauvre Marionneau, le tailleur, a, je crois,
d'après ce qu'on dit, elle aussi un pistolet à six coups tout
prêt à tirer sus son mari, si par malheur le Gouvernement
n'avait pas le temps d'y voir.

M. Laridelle. — Soyez tranquille, mon cher Birotteau ; les
avertissements ne manquent point au Gouvernement ; dès
qu'il connaîtra le mal que les petites brochures démocratiques
causent dans la commune, vous verrez que c'est un Gouvernement qui n'entend point de plaisanterie en fait de brochures
de ce genre là, et surtout quand il s'agit du respect que mérite le mariage qui est un des plus grands Sacrements de la

religion de la majorité des Français et des ministres. — Là-dessus, monsieur Laridelle a inscrit l'affaire sus son petit cahier, et, comme j'étais pas loin de lui, j'ai entendu ce qu'il inscrivait : « 3 octobre 1876, base fondamentale de la société ébranlée par la petite brochure, dite de la bibliothèque nationale à 25 centimes, contre le mariage et la religion de la majorité des Français; avis à donner au Gouvernement. »

A ce moment, un prêtre, allant porter à toutes jambes des soins à un malheureux ouvrier, ancien déporté pour cause de participation à la Commune en 1870, à Paris, vient à passer; un drôle de 12 ans, le fils de Chipardaud, le tailleur, l'apercevant, lui crie : couah! couah! fainiant! à bas les prêtres, à la lanterne, à la guillotine! Vive la Commune de Paris pour les curés!

M. *Laridelle*. — Veux-tu bien te taire, vilain polisson de drôle; qui t'apprend à crier ainsi contre tout ce que nous avons de plus respectable dans la société?

Le drôle. — Ça vous regarde pas; mêlez-vous de ce qui vous regarde.

M. *Laridelle*. — Ça me regarde tellement que je vais te faire prendre par le garde-champêtre.

Le drôle. — Le garde-champêtre? Eh ben oui! Depuis le 4 septembre on dit que les sabres des gardes-champêtres ça pus que le fourreau; j'en ai pas peur et je suis de l'Instruction ousqu'on se moque des prêtres, des gendarmes et des gardes-champêtres.

Chipardaud (père du drôle, arrivant tout essouflé). — Ah! Monsieur Laridelle! je suis perdu!

M. *Laridelle*. — Eh! qu'avez-vous, mon cher Chipardaud?

Chipardaud. — Mon vaurien de drôle a éventré ce matin à coups de canif un de ses camarades à qui il en voulait, parce qu'il va à la messe le dimanche avec son père et sa mère, et je vas être poursuivi, attendu que je suis responsable.

M. *Laridelle*. — Je ne peux rien à cela, mon ami, et je le regrette sincèrement. Où votre fils a-t-il donc puisé ses principes, car tout à l'heure je l'ai surpris à insulter un prêtre vénérable.

Chipardaud. — Ah! ça ne m'étonne pas : dudepuis le jour où j'ai eu le malheur d'envoyer mon enfant dans une classe ousqu'on fait lire les journaux qui mangent du prêtre, et ousqu'on crache sur les Crucifix, je peux pus lui rien faire faire. Notre candidat des dernières élections nous disait que le catéchisme abrutissait les enfants; j'ai voulu voir si ce candidat avait raison, et alors j'ai pus voulu laisser aller le mien au catéchisme ni chez le curé. Je vois maintenant que ce candidat nous a trompés et que ça ne faisait que son affaire à lui, et maintenant, y s'en bat l'œil. Aujourd'hui, mon enfant est pus abruti que jamais, pusqu'il assassine ses camarades et me menace à coups de couteau en me disant qu'il est libre-penseur; quand il allait au catéchisme, il m'obéissait que c'était à se mettre à genoux, et dudepuis que je l'ai envoyé ousqu'on se moque des prêtres, n'y a que des malheurs à la maison.

M. Laridelle. — Ne vous découragez pas, mon ami, j'écrirai à la justice, et la justice, j'en suis sûr, frappera comme il convient, les vrais coupables.

Chipardaud. — Merci, M. Laridelle ; je mets mon espoir en vous ; je sais que vous n'êtes ni un ancien déporté du 2 décembre, ni un vieux farceur de poète, mais ça n'empêche pas que vous soyez un brave citoyen.

Bironnet. — Alors c'est là que j'ai encore entendu et vu monsieur Laridelle écrire sur son calepin : « 3 octobre, idem, rencontré, rue de la Lanterne, en face du n° 2, une précoce victime de l'instruction démocratique laïque et blasphématoire ; assassins découverts ; bon à signaler à ceux qui ont mission de protéger les pères de famille et la société contre les enfants devenus libres-égorgeurs. »

Madame veuve Périnet. — Ah ! voleurs ! ah ! brigands ! tas de flibustiers ! tas de gredins !

M. Laridelle. — A qui parlez-vous, chère madame Périnet ?

Madame Périnet. — Ah ! c'est vous, bon monsieur Laridelle ; vous, la Providence des malheureux ; vous saurez que je suis ruinée.

M. Laridelle. — Ruinée et comment ?

Madame Périnet. — Figurez-vous, cher monsieur Laridelle, que j'avais treize mille francs, toute ma fortune ; je voulais placer mon argent chez monsieur Salvator, le notaire qui va, comme vous, tous les dimanches à la messe ; mais un individu de Paris ou de Lyon, que j'ai entendu devant la Mairie le jour des élections, et qui venait poser sa candidature, a débité tant de choses sur les hommes qui vont à l'église, que j'ai pas eu confiance en monsieur Salvator, et alors j'ai porté mon argent chez le banquier Rapinard, qui passait pour détester les prêtres et les cléricaux ; ce matin, je vas pour toucher mes pauvres intérêts ; pas moyen de toucher, et j'apprends que Rapinard a filé à l'étranger après avoir mis la clé sous la porte. On le disait libre-penseur, et moi qui croyais qui n'y avait rien de pus honnête qu'un libre-penseur, je vois maintenant que ça signifie libre-fileur et libre-voleur. Faut que je me remette servante !

M. Laridelle. — Venez demain chez moi à 9 heures, je vous remettrai deux mille francs pour vous aider. — Mais retenez-bien ceci : C'est que tous les voleurs sont libres-penseurs. Vous êtes la troisième victime que je rencontre dans ma course aujourd'hui.

Bironnet. — Vous ne connaissiez pas cette histoire, enfants ? Eh ben ! c'est la pure vérité, comme je m'appelle Bironnet.

Pistoret, boulanger. — C'est égal, avec leurs petits livres à 5 sous, leurs petits journaux à 1 sou et leurs candidats de Lyon ou de Paris, ce tas d'écrivains parisiens mettent joliment les pauvres ouvriers dans lo pétrin !

Bourges. — Imp. de E. Pigelet, rue Joyeuse, 15.

CITOYENS CURÉS!

PAS DE POLITIQUE,

ÇA VOUS EST DÉFENDU!

Robinard, fontainier. — *Cagneux*, maréchal ferrant.

Robinard. — Mon cher Cagneux, j'arrive de Paris, et je vas t'apprendre du nouveau.

Cagneux. — Quoi de nouveau? A-t-on fusillé d'autes gendarmes?

Robinard. ··· Pas encore.

Cagneux. — Ni de curés?

Robinard. — Ni curés, ni gendarmes. — Y se paraît que tant que le gouvernement durera, y aura pour eux du pain sur la planche ainsi que pour les soldats de l'armée; nous ne verrons ce fusillement général, que lorsque les amis de la Rouge seront au pouvoir. Mais c'est pas ce que je voulais te dire; je voulais te dire que j'arrive de Paris et que j'ai du nouveau à t'apprendre; as-tu le temps de m'entendre? Car je vas te faire rigoler, justement à propos de curés.

Cagneux. — J'ai pas ben le temps, mais enfin raconte-me donc ça que tu sais de nouveau, puisque t'arrives de là-bas.

Robinard. — Ça sera pas long : écoute......

Cagneux. — Marche donc un peu pus vite : tu vas me faire perdre au moins 20 sous en allant si doucement; car tu ne sais pas que j'ai à ferrer deux chevaux nobles, les chevaux de M. de Francœur, le meilleur ami des ouvriers, et un âne de couvent qui presse pus que les chevaux, parce qu'il attend pour porter de la provision au malheureux Veinnard qui a été à moitié brûlé en mettant le feu aux Tuileries en 1871, et qui ne bénit point la Révolution depuis son accident.

Robinard. — Figure-toi qu'étant à Paris, j'ai voulu savoir comment se portait la santé de nos frères les démocrates. — J'ai été reçu là-bas, tu n'en doutes point, à blague ouverte, chez le citoyen Bokaval. — J'ai pas été pus tôt à ma troisième chope de bierre que j'ai vu entrer dans le bureau un beau campagnard, ma foi, avec une mine à prospérité. — Y demande à parler au grand citoyen Bokaval, et voici la conversation du campagnard avec Bokaval; suis ben cette conversation et je paie trois absinthes si tu ne rigoles pas à te tordre les côtes. Je vas faire comme si j'étais deux à parler pour que tu comprennes tout comme si tu y étais. Le campagnard se nomme Kerkédou.

Kerkédou. — Bonjour, monsieur le citoyen Bokaval; J'arrive de 150 lieues pour causer un petit brin avec vous. Dans vos journaux vous dites aux curés de notre département : Citoyens curés pas de politique, ça vous est défendu! » C'est ce mot là qui nous a un peu chiffonnés et je vois que vos commis-voyageurs en politique n'ayant rien de sérieux à vous envoyer pour imprimer, vous ont mis joliment dedans. Je viens, moi qui m'appelle Pierre-Martin Kerkédou, vous dire la vérité. On m'a ben toujours dit que les hommes de votre couleur n'avaient point d'oreilles pour l'entendre ; mais j'espère que vous voudrez ben l'entendre tout de même.

Ni note Seigneur l'Évêque ni nos curés ne font de politique comme vous le faites croire aux ignorants, et vous avez trop d'esprit pour penser le contraire. D'abord, jamais l'Évêque ni nos curés ne disent aux citoyens qu'il faut être de telle opinion en politique pus tôt que de telle ou telle autre. La seule politique qu'ils nous prêchent, c'est de choisir des candidats qui veulent le respect de la religion de la majorité des Français, le respect de la famille et de la propriété, de préférence à ceux qui disent dans leur profession de foi qu'il faut l'abolition de l'Église et de la Religion. Je ne suis qu'un mauvais campagnard, mais je crois avoir assez de bons sens et de loyauté pour dire que ce n'est pas là faire ce qu'on appelle de la politique ; c'est simplement aider le peuple à ne pas se conduire en aveugle, quelle que soit la forme de gouvernement qui lui soit imposée. J'ai 64 ans. — J'ai travaillé toute ma vie en honnête citoyen, j'ai donné à la patrie trois enfants : les Arabes m'en ont assassiné un, l'autre est mort de froid et de faim au camp de Conlie, après s'être battu en brave, quoique sans cartouches, contre les Prussiens, et le troisième a été empoisonné le 24 mai, rue Oberkamp, par la femme d'un de vos électeurs. J'ai toujonrs pratiqué les devoirs de la Religion et je n'ai rien oublié de ce qu'on m'a enseigné à l'église. Eh ben ! voici en deux mots ce que j'ai appris : L'Église n'a de préférence, en fait de gouvernements, que pour ceux qui assurent le mieux le bonheur des peuples, et elle s'inquiète peu de la forme. Vous calomniez donc l'Église catholique, apostolique et romaine, c'est-à-dire la vérité, lorsque vous osez dire dans vos journaux que l'Église donne le mot d'ordre contre le succès de vos partisans. — S'il y a un mot d'ordre, il n'y en a pas d'autre que le suivant : « Lorsqu'il s'agira d'élections, dit l'Église à ses ministres, la politique étant l'art de gouverner avec justice, sagesse et honnêteté, vous aurez soin de prier Dieu pour qu'il accorde à votre patrie, qui est une grande famille, des chefs capables de faire fleurir ces trois grandes et nobles vertus. Lorsque le peuple vous demandera sur qui son choix doit se fixer, vous lui direz donc : Votez pour les plus justes, les plus sages et les plus honnêtes. Vous, monsieur Bockaval, vous appelez ça de la fraude, et vous ne voulez pas de nos candidats, et quand nous avons trouvé celui qu'y nous faut, celui qui fait passer le bonheur et la gloire de la patrie avant le succès des révolutionnaires comme vous, si la Chambre n'était pas composée d'honnêtes gens, d'après votre journal, nous nous trouverions avoir travaillé pour le roi de Prusse.

Bockaval. — Mais pourquoi votez-vous pour des aristos qui veulent le retour de la dîme?

Kerkédou. — Je ne parle point de la dîme, monsieur Bockaval, et vous sortez de la question ; je vous dis que les citoyens pour lesquels nous votons d'après l'avis de nos curés, et avant tout, d'après le bon sens, sont de sincères amis des ouvriers. Moi, tel que vous me voyez, je suis ouvrier républicain, eh ben ! quand je vote pour un citoyen dont vous ne voulez pas, je ne cherche pas à savoir la couleur de ses opinions politiques ; je cherche à savoir l'étendue de son amour pour la France et pour le peuple ; j'examine ses actes au grand jour ; j'en cherche la qualité et non la couleur ; les actes d'un honnête citoyen n'ont pas de couleur politique, — n'y a que les actes des apôtres comme vous qui ont de la couleur, et quand je vous vois travailler, vous et les vôtres, vous n'êtes point couleur d'innocence. — Donc, un candidat qu'il soit ce qu'il voudra, royaliste ou républicain, je voterai pour lui si son métier ne consiste pas à faire ce que vous faites, depuis que vous avez un peu la liberté d'insulter qui vous voulez. Quant à la dîme, qu'est-ce que vous nous blaguez-là ? La dîme ? Vous nous prenez, apparemment pour des pierrots, pusque vous vous servez de ça pour nous faire tomber dans vote panneau, et nous épouvanter comme nous faisons quand nous voulons pas que les pierrots touchent à nos graines dans nos jardins. Voici comment nous nous y prenons : Nous mettons un démocrasseux empaillé du 4 septembre, et je vous donne mon billet de garantie qui y a pas moyen que les pierrots touchent à nos graines, surtout si nous coiffons ce mannequin avec la *Petite République française* ou les *Droits de l'Homme,* car c'est pour eux une vraie peste.

Bockaval. — Mais mon brave homme, vous ignorez qu'il est défendu aux Évêques et aux Curés de s'occuper de politique.

Kerkédou. — Ah ! oui dà ! y faut donc que ces Messieurs ne s'occupent que de la religion ?

Bockaval. — Sans doute, et chacun ne doit faire que son métier.

Kerkédou. — Nous y voilà. — Quel est votre métier, à vous ?

Bockaval. — C'est de faire de la politique. —

Kerkédou. — Bravo ! je voudrais voir ici tous vos électeurs, pour leur montrer combien il est facile de vous faire tomber en figure de blagueur.

Bockaval. — Comment ça ?

Kerkédou. — Je vas vous le montrer et ça ne sera pas long. Vous dites que chacun doit faire son métier : Pourquoi alors traitez-vous donc des questions religieuses ? Car vous n'avez jamais étudié la religion, pas pus que j'ai étudié l'astronomie. Vous êtes en contradiction avec vos principes. Que diriezvous de moi, si j'allais par une belle nuit arracher des mains du célèbre monsieur Leverrier, la lunette avec laquelle il voit jusqu'au fond de la lune, en lui disant : Citoyen Leverrier, laissez-moi vous donner une leçon d'astronomie ?

Bockaval. — Je dirais que vous sortez de Charenton.

Kerkédou. — Eh ben ! d'où sortez-vous donc vous, pour vouloir faire un métier que vous n'avez jamais appris ; car, n'est-il pas vrai que vous et ceux qui écrivent votre journal, n'avez passé toute votre jeunesse qu'à rigoler du quartier latin à la Courtille, et votre âge mûr du 4 septembre 1870 au 20 février 1876, qu'à essayer d'escamoter le pouvoir? Avez-vous jamais eu le temps d'apprendre jusqu'où s'étendent le devoir et les droits du clergé vis-à-vis de ceux qui réclament leur ministère? Vous ne croyez même pas en l'Être suprême.

Bockaval. — N'y a rien à dire à cela ; mais, mon ami, nous ne pouvons pas nous empêcher de parler de religion en parlant de politique, si nous n'avions pas d'Évêques à insulter et de Curés à calomnier, nous n'aurions plus de politique ; vous comprenez? Quand vous voulez abattre un arbre, vous commencez par lui couper les racines; eh ben! nous qui voulons renverser la société qui représente un grand arbre, nous commençons par lui couper les racines, et voilà pourquoi nous nous attaquons aux Évêques et aux Curés qui sont les racines de la société, parce qu'ils prêchent le respect des lois et conseillent au peuple de ne choisir que des hommes capables d'en faire de bonnes.

Kerkédou. — Compris. Mais que dites-vous de mes réflexions?

Bockaval. — Je les trouve justes : je sais que les Évêques et les Curés sont des citoyens comme tout le monde, et que par conséquent ils ont le droit, en dehors de leurs églises, de parler en faveur de leurs candidats préférés ; nous savons aussi que la bonne politique faisant partie de la bonne morale, les prêtres en enseignant la religion et la bonne morale, ne peuvent se dispenser en chaire, de conseiller à leurs paroissiens la bonne politique qui consiste à ne faire que des choix excellents pour la représentation nationale. — Ceci, vous avez raison, ne s'appelle pas faire de la politique, mais faire de la bonne morale.

Kerkédou. — Mais monsieur Bockaval, pusque vous pensez comme moi et tous les honnêtes gens, pourquoi restez-vous dans cette boutique de mensonges d'où vous enseignez tant de faussetés?

Bockaval. — Mon ami, trouvez-moi une autre position. Celle-là me fait vivre, et c'est la seule qui me rendra populaire.

Kerkédou. — Allons! voilà donc le fin mot... Bonjour et merci! Pour être populaire y faut flatter la canaille.

Robinard. — Eh ben! Cagneux, que dis-tu de la conversation?

Cagneux. — Tu vois cet âne là? Eh ben! y n'est pas si bête que toi et moi qui voulons être libres et qui, cependant, nous rendons esclaves de Bockaval et de toute sa bande, — nous crachons sur ce que disent les apôtres de l'Eglise catholique, c'est-à-dire les apôtres de la vérité et de la paix publique, tandis que nous nous laissons entraîner par les apôtres du mensonge et de la guillotine.

Bourges. — Imp. de E. Pigelet, rue Joyeuse, 15.

LE CURÉ NE M'ENTERRERA PAS;

JE VEUX PAS! ENTENDEZ-VOUS!

Cossart, *tailleur de pierres.* — Périchon, *couvreur.* — Lanfrey, *jardinier.*

Cossart. — Entends-tu, là-bas, Périchon?

Périchon. — Quoi?

Cossart. — Tu n'entends pas?

Périchon. — J'entends la cloche et le sacristain qui chante à pleine gorge.

Cossart. — Qu'est-ce qui y a donc dans la commune, que la cloche s'en mêle?

Périchon. — Y a que les médecins ont graissé les bottes de monsieur Gélinard, le notaire, et que monsieur Gélinard est parti comme les camarades.

Cossart. — Il est parti? Et pour ousqu'est-il donc parti?

Périchon. — Il est parti pour là-bas; tu sais, ousque nous allons tous.

Cossart. — Tiens! C'est tout de même ben singulier qu'un notaire qui avait de l'esprit comme quatre avocats et dix journalisses, a été assez bête pour vouloir se faire enterrer par un curé. Quand un chien et un notaire ont mangé leur dernier morceau de pain, y a pas de différence. Moi, quand mon chien qui s'appelait Quinaut a été crevé l'aute jour, j'ai point demandé le curé et je te demande à quoi ça l'y aurait servi?

Périchon. — Pour ton chien, je crois que t'as raison, mais pour un notaire on a jamais pu savoir.

Lanfrey. — Bonjour, les amis, comment que ça va?

Cossart. — Tiens, c'est ce farceur de Lanfrey! Je parie qu'il va, lui aussi, faire la conduite de M. Gélinard avec le curé?

Périchon. — Il en est ben capable; et pour te dire la vérité, depuis qu'il est veuf et qu'il fréquente l'Église, il est moins bête et moins canaille qu'autefois; du moins, c'est mon opinion, à moi.

Lanfrey. — Je crois, les enfants, que vous parlez de moi : C'est-y que vous voulez payer la goutte?

Cossart. — Tout de même. Mais avant de te payer la goutte, je voudrais te demander la différence qui y a entre un chien crevé et un notaire qui n'y est pus.

Lanfrey. — C'est pas ben malin à savoir : le chien ça pas d'âme et ça crève, tandis qu'un notaire, qui est un homme, ça une âme et ça crève pas.

Cossart. — Qui t'a dit ça? — Tu prends ça chez ton curé. Moi je te dis qui y a pas de différence; le notaire est aussi ben crevé que mon chien Quinaut quand il a crevé.

Périchon. — Je crois ben, mon cher Cossart, que tu n'en as pas appris beaucoup pus long que moi sur la question, à l'auberge.

Cossart. — Comment! Tu sais pas qu'on nous dit que tout est mort quand on est mort et qui y a pas besoin de curé quand on nous met dedans.

Périchon. — C'est vrai qu'on nous le dit, mais ce qui me dérange, c'est que presque tous ceux qui nous le disent ne valent guère mieux que des chiens et j'ai pas pu encore connaître là-dessus la manière de voir d'un homme d'esprit; j'ai entendu dire ça pus de cent fois, mais ceux qui le disaient ou avaient bu un coup de trop comme toi le jour des élections, ou étaient des vauriens ou de ces grands blagueurs de journaux de Paris ousqu'on y voit que du bleu.

Lanfrey. — Pardon! Périchon, quand on est crevé, Cossart a raison, tout est crevé, mais'y se trompe quand y dit que tout est mort, quand on est mort.

Cossart. — Qu'est-ce que tu chantes-là? Crevé ou mort, mort ou crevé, c'est-y pas la même chose?

Lanfrey. — Mais non! pusque, quand tu seras mort, ta femme te fera pas mettre avec ton chien, que je pense?

Périchon. — Ça dépend. Je crois même, Cossart, que tu t'es arrangé l'aute jour avec un grand commis-voyageur de Lyon pour qu'on t'enterre sans le curé. — T'a-t-y pas graissé la patte pour ça? — Ta femme m'a dit que t'avais reçu d'un nommé Challumard une somme de 30 francs à condition que tu l'y remettrais un écrit comme quoi tu veux qu'on t'enterre absolument comme ton chien Quinaut quand tu seras mort.

Cossart. — Ma femme t'a dit ça? Je l'y avais pourtant ben défendu, mais, après tout, j'avais besoin d'argent pour rigoler un peu avec les camarades, et 30 francs ça vaut ben un enterrement civil.

Périchon. — Oui, mais tes 30 francs ne t'ont guère porté bonheur, me semble, car on dit que ta pauve fille Madeleine, qui avait une si belle conduite et qui faisait notre admiration à tous quand elle allait à l'église et qu'elle en sortait, en est morte de chagrin, et ta femme, elle aussi, ne s'en porte point mieux. Enfin t'es libre, mais tu conviendras que tu ne vaux pas cher : 30 francs, absolument le prix de trois peaux de fouines que j'ai vendues.

Cossart. — Je veux ben croire que j'aurais pas dû me vendre et que ça fait mourir ma pauvre fille, mais c'est mon opinion d'être enterré sans la religion, **et le curé ne m'enterrera pas; je veux pas!**

Lanfrey. — Comme ça, les enfants, d'après vous, les chiens crevés et les hommes qui n'y sont pus, c'est la même chose? Et ousqu'avez-vous appris ça?

Cossart. — Moi, je me rappelle pas ousque je l'ai appris; j'ai ben lu l'histoire des quatre fils d'Aymon ousqu'on parle du cheval Bayard, mais je me rappelle pas si c'est là que je l'ai vu.

Périchon. — Imbécille! Tu ne te rappelles donc pas que nous l'avons appris toi et moi le jour de l'enterrement civil de cet ancien capitaine de la Commune de Paris appelé le fusillard.

Lanfrey. — Mes enfants, voulez-vous que je vous dise? Je peux point vous donner un brevet d'invention. Moi je suis pus incrédule que vous et je me suis purgé, y a de ça trois jours, avec 150 grammes d'huile de ricin, pour faire évacuer toutes les blagues qu'on m'avait fait avaler comme à presque tous les ouvriers qui sont pour les enterrements civils. Cependant faudrait faire en sorte de nous entendre si y avait moyen ; quand nous serons d'accord, nous viderons une bonne bouteille, chien qui s'en dédit !

Cossart et Périchon. — Ça y est.

Lanfrey. — Oui, mais celui de nous trois qui tombera en figure de sot, paiera trois bouteilles.

Périchon. — Ça y est. A toi la parole, Lanfrey, comme à la Chambre et au Conseil municipal.

Lanfrey. — Connaissez-vous un nommé Jean-Jacques Rousseau qui a fait des livres ousque les écrivains et les journalisses de notre époque ont appris tout ce qui y a de mal et ousqu'ils ont laissé de côté tout ce qui y a de bien, parce que les écrivains et les journalisses qui nous font la leçon ne vivraient pas s'ils n'avaient que du bien à nous apprendre ?

Périchon. — J'en ai ben entendu parler, mais je l'ai pas lu.

Cossart. — Ni moi, je l'ai pas connu.

Lanfrey. — Eh ben ! moi je le connais et je vas vous le montrer pour que vous voyez clairement que vous n'êtes pas, ni vous ni les journalisses, du même avis que lui, quand il s'agit de parler de la différence qui y a entre un chien crevé et un homme qui n'y est pus. Jean-Jacques Rousseau, dans le tome IIIe de ses livres, en parlant à tous les ouvriers comme aux savants et aux bourgeois qui veulent pas que les curés les enterrent sous prétexte qui y a pus rien après la mort et qu'un homme mort et un chien crevé c'est la même chose, Rousseau dit ça que j'ai écrit l'aute jour sur ce morceau de papier, dans le bureau du directeur de l'usine à gaz, lisez tous deux : « Ame vile, ta fausse philosophie est la seule chose qui t'avilit, qui te plonge dans la fange et dans la boue, qui te rend semblable et même inférieur aux animaux, ou plutôt, tu veux t'avilir. Ta raison dépose contre tes principes, ton cœur dément ta doctrine, et l'abus même de tes facultés prouve malgré toi l'excellence de ta nature. »

Cossart. — C'est ben difficile à comprendre, tout ça ; on dirait de l'hébreu ou du prussien.

Périchon. — Moi, je crois comprendre, car j'ai entendu, je me rappelle, un avocat qui plaidait l'aute jour contre un enterrement civil et qui a rapporté les paroles de Jean-Jacques Rousseau que Lanfrey nous a fait lire. Ça veut dire : « Les philosophes, c'est-à-dire les grands fainiants qui ne savent pas la peine que le cultivateur se donne pour faire pousser le blé, ainsi que les journalisses qui ont inventé les petits journaux à cinq centimes ousqu'ils prêchent les enterrements civils aux ouvriers, sous prétexte que les hommes ne valent pas pus que des chiens, sont des menteurs et des empoisonneurs de la société. »

Lanfrey. — Bravissimo! mon cher Périchon! t'as gagné la première manche. On voit que t'es gardé à carreau et que tu ne crèveras pas comme le chien de Cossart. A toi, maintenant, Cossart, fais briller ton esprit.

Cossart. — Moi j'ai rien entendu de tout ça et j'étais point avec Périchon au tribunal le jour où cet avocat a parlé du nommé Jean-Jacques Rousseau, mais je dis que le curé ne m'enterrera pas, et je veux pas qui m'enterre.

Lanfrey. — Mais, voyons, Cossart : connais-tu le président du tribunal, le receveur général, le colonel de la garnison qui est si brave et qui va à la messe le dimanche, connais-tu le maire qui est un des plus grands savants de France, et le directeur de l'usine à gaz qui a inventé les plus belles machines à vapeur que nous voyons fonctionner?

Cossart. — Oui, je les connais.

Lanfrey. — Les prends-tu pour des imbécilles? Crois-tu que s'ils tiennent à ce que le curé les enterre un jour c'est pour faire plaisir au roi de Prusse? As-tu étudié autant qu'eux? En sais-tu aussi long sur la règle des mœurs et sur la religion?

Cossart. — Non! je ne connais que la soustraction, en fait de règle.

Lanfrey. — Pourquoi tous ces gens d'esprit qui ne cherchent point à troubler la société et qui n'ont pas besoin de renverser les gouvernements établis, pour se faire une position comme tant d'autres, pensent-ils que les hommes valent pus que les bêtes? Et pourquoi tous les vauriens ne veulent-ils que des enterrements où le prêtre ne figure pas?

Cossart. — Je sais pas!

Lanfrey. — Tu sais pas? — Eh ben! c'est toi qui tombes en figure de sot et tu vas payer trois bouteilles, car moi je sais pourquoi : 1° c'est que lorsqu'on a vécu comme un chien, quelque savant qu'on soit sur l'arithmétique ou la grammaire, il est bien naturel qu'on demande à être enterré comme un chien. — 2° C'est que lorsque les savants et les journalisses qui ont vécu comme des chiens dans leur vie privée ou publique, n'ont pas pu détruire les principes de la religion pour entraîner tout le monde à vivre en chien, ils s'en prennent aux enterrements pour trouver dans les morts des défenseurs et des approbateurs des scandales qu'ils ont causés et du mal qu'ils ont fait à leur pays. Maintenant, Cossart, si tu persistes à te faire enterrer comme un chien, tu es libre, mais avant, souviens-toi de la mort de ta pauvre fille Madeleine.

Périchon. — Attrape ce que tu mérités, mon vieux. Ah! les enterrements civils, que ces gars de Paris et de Lyon achètent pour se venger de la religion, en voilà du propre!

Bourges. — Imp. de E. Pigelet, rue Joyeuse, 15.